www.urgeschmack.de
www.felixolschewski.de

3. Auflage, Mai 2010
Copyright © 2009 Felix Olschewski
Alle Rechte vorbehalten
Herstellung und Verlag: Books on Demand GmbH, Norderstedt
ISBN 978-3-8391-2322-5

www.urgeschmack.de präsentiert:

Das

Zone-Kochbuch

für

Geniesser

Vorwort

Der Inhalt dieses Kochbuchs basiert auf der täglichen Arbeit von mehr als 6 Monaten. Sieben Tage die Woche habe ich in dieser Zeit teils mehrfach täglich in der Küche neue Rezepte entwickelt. Es versteht sich beim Experimentieren von selbst, dass nicht immer alles gleich gelingt - und so wurden auch längst nicht alle Rezepte auf urgeschmack.de veröffentlicht.
Dabei ist es unmöglich, ein Rezept zu finden, das allen schmeckt. Das liegt in der Natur der Sache; dass Geschmäcker verschieden sind, macht das Leben etwas komplizierter, aber auch unendlich viel interessanter. Mein Fokus lag daher immer darauf, Rezepte zu entwickeln, die vornehmlich mir selbst schmecken. Denn wenn sie nicht einmal mir selbst schmecken, wenn ich nicht voll hinter diesen Rezepten stehe, wie soll ich dann erwarten, das sie Ihnen, dem Leser, gefallen?

Der Antrieb für meine Arbeit war immer mein Wunsch, die für den Körper bestmögliche, gesündeste Ernährung sowohl so einfach wie möglich, als auch so wohlschmeckend wie möglich umzusetzen. Ich esse viel zu gerne, als dass ich beim Geschmack zu faulen Kompromissen bereit wäre. Die Ernährung nach Dr. Barry Sears ist ein so bahnbrechendes wie fantastisches Forschungsergebnis, die Verbreitung im englischsprachigen Raum nimmt mehr und mehr zu. Doch es gab bei Beginn meiner Arbeit schlichtweg keine einzige deutschsprachige Quelle für Rezepte nach Zone-Diät, die noch dazu auf deutschen/europäischen Zutaten basierte; lediglich Übersetzungen amerikanischer Rezepte waren verfügbar, die jedoch zu großen Teilen für den normalen deutschen Haushalt und für deutsche Essgewohnheiten einfach nicht nachvollziehbar waren und oft auch bestenfalls mäßig schmeckten.

Das langsam eintreffende und durchweg positive Feedback auf meine Internetseite motivierte mich, mit meiner Arbeit fortzufahren und auch wirklich jedes gute Rezept zu dokumentieren, zu fotografieren und zu veröffentlichen.

Mit diesem Buch schliesse ich nun die Lücke, die in den meisten Haushalten zwischen Computermonitor und Küche entsteht. Statt einzelne Rezepte abzuschreiben oder auszudrucken, können Sie dieses Buch einfach mit in die Küche nehmen und dort gegebenenfalls noch einmal nachschlagen.

Die für dieses Buch überarbeiteten Kochanleitungen sind sehr einfach gehalten. Dies hat zwei Gründe: Erstens möchte ich damit zeigen, dass die Zubereitung eben wirklich sehr einfach ist. Zweitens lasse ich Ihnen damit ganz bewusst den Spielraum zur Variation und Improvisation. Wie ich schon weiter oben schrieb: Jeder Geschmack ist anders und ich erwarte nicht, dass die von mit verwendeten Gewürzmengen auch Ihren Geschmack treffen.

Abschliessend möchte ich an dieser Stelle Andrea Christen danken, die jede meiner Kreationen so geduldig wie kritisch über sich hat ergehen lassen. Peter Thielmann gilt abermals Dank für seinen typografischen und gestalterischen Rat.

Nicht zuletzt gilt mein aufrichtiger Dank natürlich auch den treuen Lesern von www.urgeschmack.de, die mich ständig motivieren, noch immer weitere Rezepte zu erfinden. Sie sind ein wenig still, aber ihre gelegentlichen eMails machen Mut und zeigen, dass die Zahl derer, die sich gesund und ausgewogen ernähren möchten zwar noch immer klein ist, aber so langsam wie stabil wächst.

Ihnen, lieber Leser, wünsche ich nun viel Spaß beim Nachkochen und vor Allem: Guten Appetit!

Felix Olschewski

Vorwort zur 3. Auflage

Auch in der dritten Auflage des „Zone-Kochbuch für Geniesser" bleibt fast alles beim Alten. Jedoch: Die Internetseite heißt nun www.urgeschmack.de – nach wie vor und abermals möchte ich Ihnen, dem Leser, vielmals für Ihr Interesse und ihr zahlreiches Feedback danken. Es freut mich, dass ich mit diesem Buch einen kleinen Beitrag zur Verbesserung der Gesundheit leisten kann. Ich wiederhole mich ungern, doch eines kann ich nicht oft genug betonen: Die Gesundheit ist unser höchstes Gut. Geben Sie darauf acht. Und lassen Sie es sich schmecken.

Felix Olschewski (Juni 2010)

EWB und KHB

Die Rezepte dieses Kochbuchs sind für jeden Anwendbar. Wenn Sie sich jedoch für die Hintergründe der Zone-Diät interessieren, kann ich nur die Lektüre des Buches „Das Optimum - Die Sears Diät" empfehlen.
Für diejenigen, die mit der Diät vertraut sind und genaueres über die Inhalte wissen möchten: EWB steht für einen Eiweißblock, KHB für einen Kohlenhydratblock. Fettblöcke sind in den Rezepten nicht angegeben.

Wichtig: Das Fett

Alle hier enthaltenen Rezepte sind sehr fettarm zubereitet, in der Regel sind also dazu noch Fettblöcke zu essen. Um die nötigen Fettblöcke für die Gerichte zusammenzubekommen, essen Sie einfach ein paar Nüsse oder einen Teelöffel eines köstlichen Nussmuses. Da viele Anwender (z.B. Sportler) der Zone-Diät hier variieren und oft auch die Zahl der Fettblöcke verdoppeln oder verdreifachen, habe ich den Fettanteil aus den Rezepten ausgekoppelt. Denken Sie daran: Die zum Beispiel in Nüssen enthaltenen Fettsäuren sind Gesund und stellen eine wertvolle Energiequelle dar. Das Fett stabilisiert das Hormongleichgewicht und hält das Hungergefühl in Schach.

Glutamat

In den Rezepten dieses Kochbuchs wird durchweg auf Glutamat verzichtet. Nicht nur aufgrund der bestenfalls umstrittenen Auswirkungen auf den menschlichen Organismus, sondern auch weil es gegen die Ehre eines jeden

Hobbykochs verstossen sollte, sich von einer gleichmachenden, aromafreien Substanz abhängig zu machen. Näheres über Glutamat erfahren Sie mittels einer einfachen Suche im Internet.

Gluten

Ebenfalls verzichten die Rezepte dieses Buchs, mit Ausnahme der „Bauanleitung" für das Butterbrot und den strammen Max, auf Gluten, das in vielen Getreidesorten vorkommt. Einige Menschen bekommen durch den Verzehr glutenhaltiger Lebensmittel gesundheitliche Probleme (siehe auch „Zölikalie"). Statt Weizenmehl wird in diesem Buch vornehmlich Sojamehl verwendet, das ausserdem einen wesentlich geringeren Kohlenhydratanteil aufweist. Auch über Gluten können Sie mittels einer einfachen Suche im Internet mehr erfahren.

Inhaltsverzeichnis

Kohlrabikraut	14
Champignons mit Rührei	16
Zone-Pizza	18
Kohlrabi-Zucchini Pfanne	20
Pangasiusfilet auf Zucchinibett	22
Kohlrabi Bolognese	24
Erdbeeren mit Quark	26
Knoblauchhähnchen mit Champignon-Sahnesoße	28
Garnelen auf Paprika-Zucchini-Bett	30
Sojamehl-Pfannkuchen mit Apfelmus	32
Apfelkuchen	34
Hähnchen auf Gemüse	36
Mousse au Chocolat	38
Gefüllte Paprika	40
Hackpfanne	42
Schokoladenkuchen	44
Bratkohlrabi mit Paprika und Rührei	46
Champignon-Paprika Auflauf	48
Knackiges Käsegemüse	50
Strammer Max	52
Gefüllter Pfannkuchen	54
Bratsellerie mit Spiegelei	56
Würziger Gemüseauflauf	58
Gemüse-Tomaten-Auflauf	60
Gemüseauflauf	62

Das Zone-Kochbuch für Geniesser

Wildschwein mit Rotkohl und Kartoffelknödeln	64
Garnelen mit gebratenem Gemüse	66
Banane Helene	68
Salatgemüse in Erdnuss-Tomatensosse	70
Butterbrot: Kniffte, Stulle, Bemme, Donge...	72
Wirsingauflauf	74
Erdnusshähnchen mit Gemüse	76
Erdbeerparfait	78
Kohlrabi-Tomatensuppe	80
Gefüllte Zucchini	82
Nusskuchen	84
Tomatensuppe mit Feta-Kohlrabi-Omeletts	86
Fetaomeletts mit gedünsteter Zucchini	88
Brokkoli mit Käsesoße	90
Sautiertes Rindfleisch mit Gemüse	92
Sommergemüse	94
Honigcreme	96
Gefüllte Champignonköpfe	98
Blumenkohl mit Käsesoße	100
Knackiger Garnelensalat	102
Kirsch-Shake	104
Marktsalat	106
Pangasius Salat	108
Kaninchenkeule mit Rosenkohl	110
Hähnchenpfanne	112

Kohlrabikraut

Nicht nur die chemische Zusammensetzung, sondern auch die Textur, die Konsistenz und die Form der Nahrungsmittel hat Einfluss auf den Geschmack. Das wird spätestens dann klar, wenn man frische Erdbeeren mit pürierten vergleicht. Mit diesem Bewusstsein entstand das Rezept für Kohlrabikraut. Es kommt mit sehr wenigen Zutaten aus.

Zutaten:

FÜR 4 BLÖCKE

* 300g Kohlrabi (2KHB)
* 200g / 2stck Zwiebeln (2KHB)
* 140g Fetakäse (4EWB)

1 Die Zwiebeln in Ringe schneiden und mit Salz und Pfeffer anschwitzen.

2 Den Kohlrabi in dünne, schmale Streifen schneiden und mit in die Pfanne geben. Mit zwei Teelöffeln Salz und einem Teelöffel Thymian wüzen.

3 Nach ca 6-7 Minuten den in Würfel geschnittenen Fetakäse hinzugeben.

4 Sobald der Feta anfängt zu schmelzen, die Pfanne vom Herd nehmen und das Kohlrabikraut servieren.

CHAMPIGNONS MIT RÜHREI

Champignons sind eine tolle Sache: Einfach zuzubereiten, vielseitig verwendbar und arm an Kohlenhydraten. Ganze 300 Gramm braucht es für einen Kohlenhydratblock. Da bleibt noch Raum für eine Zwiebel zur Geschmacksabrundung. Ausgeglichen wird das einfach mit Rührei aus zwei Eiern. Die hier zu sehenden Tomaten sind Dekoration - auch aus Sicht der enthaltenen Nährstoffe, denn da fallen sie mit insgesamt 1g Kohlenhydraten nicht ins Gewicht.

Zutaten:

Für 2 Blöcke

* 300g braune Champignons (1KHB)
* Eine Zwiebel (100gr) (1KHB)
* Zwei Eier (2EWB)
* Ein Esslöffel Olivenöl zum Braten

1. Die Zwiebeln braten, mit Salz und Pfeffer würzen.

2. Die Champignons hinzugeben und schmoren, nach Geschmack mit Salz würzen.

3. Anschliessend das Rührei mit Salz und Muskat zubereiten.

Zone-Pizza

Eine Pizza im Rahmen der Zone-Diät ist zunächst aufgrund des üblicherweise verwendeten Mehls problematisch. Weizenmehl hat eine sehr hohe Kohlenhydratkonzentration. Die Lösung heisst Sojamehl. Zum Beispiel „Voll Soja" von der Firma Hensel enthält pro 100g lediglich 12g Kohlenhydrate und satte 40g Eiweiß. Weiterhin wird das Weizenmehl durch Buchweizenmehl ersetzt, denn dies enthält kein Gluten. Der Teig hält trotzdem, besser noch: Da er nicht mehr so stark klebt, fällt die Zubereitung leichter.

1 Mehl, Eier, Salz, Öl und Wasser zu einem Teig kneten und auf einem Backblech ausrollen.

2 Die Soße aus passierten Tomaten auf dem Belag verteilen und mit Salz, Pfeffer und Oregano würzen.

3 Paprika, Mais, Champignons und Salami auf der Pizza verteilen und mit dem Käse bestreuen.

4 15 Minuten bei 220° im vorgeheizten Ofen backen.

Zutaten:

Für 6 Blöcke

Für den Teig:
* 50g Buchweizenmehl (4KHB)
* 70g Sojamehl (z.B. Hensel) (4EWB)
* Etwas Salz
* 10ml Olivenöl
* 100ml Wasser

Für den Belag:
* 1/2 Paprika (ca 90g) (0,5KHB)
* 50g Mais (1KHB)
* 100g Champignons (0,3KHB)
* 50ml Passierte Tomaten (0,2KHB)
* 30g Salami (1EWB)
* 40g Geriebener Gouda (1EWB)

Hinweis:
Sojamehle haben sehr unterschiedliche Zusammensetzungen. Beim Kauf muss also etwas genauer hingeschaut werden. Zu bevorzugen sind Sorten mit hohem Eiweiß und geringem Kohlenhydratanteil.

Kohlrabi-Zucchini Pfanne

Sättigende Zutaten zu finden ist der Schlüssel zu einem leichten Umgang mit der Zone-Diät. Gemüse mit einem geringem Kohlenhydratanteil ist also vorzuziehen — so wie Zucchini und Kohlrabi. Sie sind nicht nur gesund, sondern schmecken auch knackig-frisch.

Zutaten:

FÜR 4 BLÖCKE

* 150g / 1stck Kohlrabi (1KHB)
* 180g / 1stck Paprika (1KHB)
* 300g Zucchini (1KHB)
* 50g Mais (1KHB)

Für die Soße:
* 90g / 1 Scheibe Gouda (3EWB)
* 100g Schmelzkäse (1EWB)
* 100ml Milch

1. Kohlrabi und Zucchini in Würfel schneiden und in der Pfanne braten. Mit Salz und Thymian würzen.

2. Sobald die Zucchini etwas bräunliche Farbe annehmen, die ebenfalls kleingeschnittene Paprika zusammen mit dem Mais hinzugeben. Kurz erhitzen.

3. Für die Käsesoße die Milch in der Pfanne erhitzen.

4. Schmelzkäse und Gouda zur Milch geben und rühren, bis eine glatte Soße entsteht.

5. Kurz vor dem Servieren die Soße über das Gemüse geben.

Pangasiusfilet

Fisch ist gesund und vielfältig. Er lässt sich sehr variantenreich zubereiten und kann somit nahezu jeden Geschmack treffen. Im Rahmen einer ausgewogenen, gesunden Ernährung macht Fisch also absolut Sinn und so findet der beliebte Pangasius seinen Weg in meine Zutatenliste. Dieses Rezept ist sehr einfach und schnell zuzubereiten. Pangasiusfilets sind in vielen Supermärkten tiefgekühlt zu bekommen, doch frisch vom Wochenmarkt aus natürlichem Bestand ist Fisch auf jeden Fall vorzuziehen.

Auf Zucchinibett

Zutaten:

Für 4 Blöcke

* 130g Pangasiusfilet (3EWB)
* 450g Zucchini (1,5KHB)
* 180g / 1 stck. Paprika (1KHB)
* 150g Salatherzen (0,5KHB)

1 Zunächst die Paprika und zwei Drittel der Salatherzen in kleine Stücke schneiden und als Salat auf einem Teller anrichten.

2 Die Zucchini waschen und in Scheiben schneiden, dann in etwas Olivenöl anbraten. Mit Salz und Pfeffer würzen.

3 Das übrige Drittel der Salatherzen hinzugeben und kurz weiter garen. Zusammen mit einem Schuss Sojasoße abschmecken, dann auf dem Teller anrichten.

4 Das Pangasiusfilet in etwas Olivenöl anbraten, nach ca 3-4 Minuten wenden und mit Salz und Pfeffer würzen. Auch die zweite Seite ca 3-4 braten, dann das Filet auf dem Teller anrichten und servieren.

Kohlrabi Bolognese

Auch Nudeln stehen in der Zone Diät sehr schlecht da. Mit ihrem sehr hohen Kohlenhydratgehalt kann man bei den Diät-konformen Mengen oft nicht satt werden. Viel Eigengeschmack bringen Nudeln jedoch ohnehin nicht mit. Warum die Nudeln also nicht einfach ersetzen durch etwas, von dem man eher satt wird und das gesund ist?

Zutaten:

FÜR 4 BLÖCKE

* 160g Rindergehacktes (4EWB)
* 100g / 1 stck. Zwiebel (1KHB)
* 250ml passierte Tomaten (1KHB)
* 300g Kohlrabi (2KHB)

1. Den Kohlrabi in dünne, schmale Streifen schneiden.

2. Die Zwiebel in Würfel schneiden und in einem Topf glasig anbraten. Mit Salz und Pfeffer würzen.

3. Rinderhack hinzugeben und scharf anbraten, dabei zerkleinern. Mit Paprikapulver, Salz und Pfeffer würzen.

4. Passierte Tomaten hinzugeben und aufkochen. Bei Bedarf eine zerdrückte Knoblauchzehe hinzugeben. Reichlich Salz hinzugeben, mit Pfeffer und Chilipulver abschmecken.

5. Den Kohlrabi mit etwas Salz und Thymian kurz anbraten. Die Bolognese darüber geben und servieren.

Tip:

Die Bolognese schmeckt noch besser, wenn man sie einen Tag ruhen und ziehen lässt.

Erdbeeren mit Quark

Es gibt keinen Ersatz für feldfrische Erdbeeren. Deswegen wird der Beginn der Erdbeersaison ab etwa Anfang Mai jährlich heiss ersehnt. Nicht nur für heisse Sommertage eigenet sich diese Zusammenstellung: Süß, frisch und leicht bekömmlich. Beim Proteinpudding von LSP handelt es sich vornehmlich um hochkonzentriertes, hochwertiges Eiweiß.

Zutaten:

* 250g Speisequark (40% Fett i. Tr.) (2KHB, 2EWB)
* 500g Speisequark Magerstufe (0,3% Fett) (2KHB, 9EWB)
* 500ml Milch (2KHB, 2EWB)
* 2g Zitronenschalenaroma
* 40g Proteinpudding-Pulver Vanille von LSP (4EWB)

1. Quark, Milch, Zitronenschalenaroma und Proteinpudding-Pulver gut miteinander verrühuren

2. Es entstehen ca 1300g Quark mit insgesamt 6 Kohlenhydrat- und 18 Eiweißblöcken. Das bedeutet: 72g Quark enthalten 1 EWB und 0,33KHB - es bleibt „Platz" für 12g Kohlenhydrate.

3. Für 2 Blöcke 144g Quark mit 150g Erdbeeren kombinieren. Alternativen für das Obst: 1 Kiwi oder 1/2 Banane oder 80g Kirschen.

Hinweis:
Achten Sie genau auf den Fettgehalt der hier verwendeten Quark-Sorten denn davon ist das Anteil der übrigen Makronährstoffe abhängig — wichtig für die Berechnung des Gesamtverhältnisses. Der Aufwand mag einschüchternd wirken, aber probieren Sie es trotzdem aus: Es lohnt sich!

KNOBLAUCHHÄHNCHEN

Mit einer einzelnen Pfanne lässt sich zwar sehr viel anfangen, manchmal gelüstet es den Geniesser jedoch auch nach völlig getrennt zubereiteten Zutaten.

Mit Champignon-Sahnesosse

1. Das Hähnchenfleisch marinieren in einer Mischung aus: 50ml Olivenöl, Salz, Pfeffer, Chilipulver und der zerdrückten Knoblauchzehe.

2. Die Zwiebel mit den Champignons zusammen anschwitzen und schmoren, mit Salz und Pfeffer würzen.

3. Die Sahne hinzugeben und gut verrühren, dazu gegebenenfalls den Bodensatz der Pfanne lösen. Mit Salz abschmecken.

4. Die Paprikaschoten in kleine Würfel scheiden und in einer Pfanne kurz erhitzen.

5. Die Hähnchenfilets in einer Pfanne scharf anbraten und garen.

6. Alle Zutaten auf einen Teller geben und servieren.

Zutaten:

Für 4,5 Blöcke

* 125g Hähnchenbrustfilets (4EWB)
* 300g Frische Champignons (1KHB)
* 100g / 1stck. Zwiebel (1KHB)
* 360g / 2stck. Paprika (2KHB)
* 100ml Sahne (0,5KHB+0,5EWB)
* 1 Knoblauchzehe

GARNELEN

Für alle Freunde von Meeresfrüchten und köstlichem Gemüse, ist dieses Rezept genau das richtige. Der Fokus liegt bei diesem Rezept klar auf den Garnelen, deren Geschmack das nur erhitzte Gemüse optimal unterstreicht.

AUF PAPRIKA-ZUCCHINI-BETT

1 Vier zerdrückte Knoblauchzehen, einen Teelöffel Thymian, Salz und etwas Chilipulver mit etwas Olivenöl verrühren und die Garnelen darin einige Stunden marinieren.

2 Die Zwiebel in Würfel schneiden und mit etwas Pfeffer in einer Pfanne glasig braten.

3 Die Zucchini ebenfalls in Würfel scheiden und mit in die Pfanne geben, mit Salz würzen.

4 Die Paprikaschoten in kleine Stücke schneiden, eine Knoblauchzehe zerdrücke und beides in die Pfanne geben. Mit etwas Thymian würzen.

5 Die marinierten Garnelen in einer Pfanne von beiden Seiten anbraten, ca 2 Minuten je Seite.

Zutaten:

FÜR 4 BLÖCKE

* 225g Garnelen (z.B. gefroren vom Discounter) (4EWB)
* 1 Rote Paprika (1KHB)
* 1 Gelbe Paprika (1KHB)
* 300g Zucchini (1KHB)
* 1 Zwiebel (1KHB)
* 5 Knoblauchzehen

6 Gemüse und Garnelen auf einem oder zwei Tellern anrichten und servieren.

Sojamehl-Pfannkuchen

Hier handelt es sich um einen kohlenhydratarmen und glutenfreien Pfannkuchen. Um den Genuss zu vervollständigen, gibt es dazu noch ein wenig frisches, selbstgemachtes Apfelmus.

MIT APFELMUS

Zutaten:

FÜR 4 BLÖCKE

* 2 Eier (2EWB)
* 35g Sojamehl (2EWB)
* 18g Zucker (2KHB)
* 30ml Milch
* 1 Apfel (Boskoop!) (2KHB)

1 Die Eier mit dem Zucker verrühren und schaumig schlagen.

2 Mehl und Milch hinzugeben und gut verrühren. Den Teig für 10-15 Minuten ruhen lassen.

3 Um das Apfelmus herzustellen, einen Apfel schälen, das Gehäuse entfernen und den Apfel in kleine Stücke schneiden.

4 Die Apfelstücke mit ca 200ml Wasser in einen Topf geben und unter Rühren so lange erhitzen, bis ein Mus entsteht.

5 Die Pfannkuchen mit wenig Öl in einer Pfanne ausbacken und zusammen mit dem Apfelmus servieren.

Tipp:
Die leicht erhältlichen Äpfel der Sorte Boskoop eignen sich am besten für die Herstellung von Apfelmus.

Apfelkuchen

Gerne betone ich noch einmal, dass es im Rahmen der Zone-Diät absolut möglich ist, auch Süßes zu sich zu nehmen. Dieses Rezept zeigt, wie — und macht mit dem hier zu sehenden Foto hoffentlich auch Lust auf's Nachbacken!

1 In dieser Reihenfolge Eier, Zucker, Mehl, Mandelmus und Milch nacheinander gut miteinander verrühren.

2 Den Apfel schälen und das Gehäuse entfernen, in dünne Scheiben schneiden.

3 Den Teig in eine kleine Springform geben, die Apfelscheiben darauf legen und einsinken lassen.

4 Für 30 Minuten bei ca. 220°C im vorgeheizten Ofen backen.

Zutaten:

Für 4 Blöcke

* 2 Eier (2EWB)
* 35g Sojamehl (Vollfett) (2 EWB)
* 25ml Milch
* 40g Mandelmus
* 18g Zucker (2KHB)
* 1 Apfel (Boskoop!) (2KHB)

Hähnchen auf Gemüse

Um eine Mahlzeit mit frischem, knackigem Gemüse herzustellen, sind nur wenige Arbeitsschritte nötig. Auch Hähnchenfleisch ist sehr unkompliziert in der Verarbeitung. Dieses Gericht lässt sich schnell zubereiten, macht satt und ist gesund.

Zutaten:

FÜR 4 BLÖCKE

* 150g / 1stck Kohlrabi (1KHB)
* 180g / 1stck Paprika (1KHB)
* 300g Zucchini (1KHB)
* 50g Mais (1KHB)
* 120g Hähnchenfleisch (4EWB)

1. Kohlrabi und Zucchini in Würfel schneiden und in einer Pfanne braten. Mit Salz und einem Teelöffel Thymian würzen.

2. Sobald das Gemüse etwas bräunliche Farbe annimmt, die kleingeschnittene Paprika und den Mais hinzugeben. Kurz erhitzen.

3. Die Hähnchenfilets in einer Pfanne scharf anbraten und mit Salz, Pfeffer und Paprikapulver würzen.

4. Gemüse und Hähnchen in einer Schüssel anrichten und servieren.

Mousse au Chocolat

Mit dem Proteinpudding von LSP-Sports lässt sich sehr viel anfangen. Abgesehen davon, dass das zuckerfreie und doch recht süße Pulver auch allein mit der richtigen Menge Milch (mehr als auf der Verpackung empfohlen wird!) einen recht passablen Pudding ergibt, lässt sich mit etwas Verfeinerung auch eine leckere Mousse au Chocloat damit zubereiten.

Zutaten:

Für 3,5 Blöcke

* 200ml Sahne (0,66K+0,66P)
* 37,5g Schokolade (70%) (1,33K)
* 23g Proteinpulver (2,33P)
* 133ml Milch (0,5K+0,5P)
* 1 Pckg. Sahnesteif (1KHB)

1. Wichtig ist bei der Schokolade ein Kohlenhydratgehalt von ca 30g pro 100g!

2. Die Milch erhitzen, darin die zerkleinerte Schokolade schmelzen.

3. Wenn die Schokolade vollständig gelöst ist, das Proteinpulver sorgfältig darunter rühren. Kalt stellen

4. Die Sahne steif schlagen und unter die Schokoladenmasse heben.

Tip:

Bei den zahlreichen auf dem Markt befindlichen Schokoladensorten fällt die Suche nach der für dieses Rezept geeigneten Sorte vielleicht schwer. Halten Sie sich an die bekannten, großen Discounter: dort gibt es meist hauseigene Schokoladenmarken, die genau passen.

Gefüllte Paprika

Der dekorative Aspekt einer Mahlzeit ist nicht zu unterschätzen. Auch optische Reize können Appetit machen. Die Paprika mit einer Füllung aus Champignons, Zwiebeln und Camembert macht Ihnen hoffentlich Lust auf's ausprobieren!

Zutaten:

FÜR 2 BLÖCKE

* 180g / 1 stck Paprika (1KHB)
* 150g Champignons (0,5 KHB)
* 50g / 1 kleine Zwiebel (0,5KHB)
* 80g Camembert (2EWB)

1. Ein sehr kleines Stück am unteren Ende der Paprika abschneiden, damit sie aufrecht sicher steht. Den „Deckel" abschneiden und das innere entfernen.

2. Die Zwiebel mit Salz und Pfeffer glasig braten, die Champignons hinzugeben und ebenfalls mit Salz und Pfeffer würzen.

3. Den Camembert in Würfel schneiden und hinzugeben. Unter Hitze wenden, bis er zur Hälfte geschmolzen ist.

4. Die Füllung in die Paprika geben und servieren!

Tip:

Vor dem Füllen der Paprika können Sie sie auch für etwa 10 Minuten garen. Dadurch wird sie weicher, verliert jedoch auch etwas Geschmack und Vitamine.

HACKPFANNE

Eine sehr farbenfrohe und zudem leckere Angelegenheit ist die Hackpfanne. Sie hat einen sehr vollen und zugleich doch feinen Geschmack.

1 Die Zwiebel in Würfel schneiden und anschwitzen. Das Hackfleisch hinzugeben und scharf anbraten, mit Salz, Pfeffer und Paprikapulver würzen.

2 Die passierten Tomaten zum Hackfleisch geben und mit reichlich Salz sowie Pfeffer, Paprikapulver und Oregano würzen.

3 Die Zucchini in Viertelscheiben schneiden und kurz braten, mit ausreichend Salz und etwas Thymian würzen.

4 Die Paprika in kleine Würfel schneiden und mit dem Mais zur Zucchini geben, weiter erhitzen.

5 Anschliessend das Gemüse zum Hackfleisch geben. Mit einem Löffel Erdnussmus abschmecken.

Zutaten:

FÜR 4 BLÖCKE

* 300g Zucchini (1KHB)
* 180g / 1stck. Rote Paprika (1KHB)
* 100g / 1stck. Zwiebel (1KHB)
* 25g Mais (0,5KHB)
* 150g Passierte Tomaten (0,5KHB)
* 125g Rinderhackfleisch (4EWB)

SCHOKOLADENKUCHEN

Die Entwicklung eines zur Zone-Diät passenden Schokoladenkuchens hat lange gedauert. Der leichte Eigengeschmack des Sojamehls muss überdeckt werden damit er beim Genuss der Schokolade nicht stört. Die Kohlenhydrate der Schokolade und des Zuckers hingegen müssen mit genügend Eiweiss „gekontert" werden, ohne dass der Kuchen zu hart wird. Aber es ist gelungen!

Zutaten:

FÜR 2 BLÖCKE

* 1 Ei (1EWB)
* 20g Sojamehl (Vollfett, Marke Hensel) (1EWB)
* 10g Erdnuss- oder Mandelmus
* 10g Zucker (1KHB)
* 50ml Sahne
* 25g Zartbitterschokolade (60%) (1KHB)

1. Wichtig ist bei der Schokolade ein Kohlenhydratgehalt von ca 36g pro 100g!

2. Das Ei schaumig schlagen und mit dem Zucker verrühren. Sojamehl und Erdnussmuss hinzugeben und unterrühren.

3. Die Sahne kurz erhitzen und die zerkleinerte Schokolade darin schmelzen. Aufschlagen und mit dem übrigen Teig verrühren

4. Den Teig in eine Form geben und ca 20 Minuten bei 220°C backen.

Bratkohlrabi mit Paprika

Viele Menschen schrecken vor der Zone Diät zurück, weil Kartoffeln dabei in der Regel gar nicht oder nur sehr wenig gegessen werden können. Ihr Kohlenhydratgehalt so hoch, dass kaum sättigende Mengen zusammen kommen. Daher habe ich diese Alternative entwickelt. Wie auch bei Bratkartoffeln funktioniert hierzu anstelle des Rühreis natürlich auch Spiegelei!

und Rührei

Zutaten:

Für 4 Blöcke

* 450g Kohlrabi (3KHB)
* 180g / 1 stck Paprika (1KHB)
* 4 Eier (4EWB)

1. Den Kohlrabi schälen und in kleine, etwa 3mm dicke Scheiben schneiden und in einer Pfanne mit etwas Olivenöl anbraten. Mit einem Teelöffel Thymian, Salz und etwas Pfeffer würzen.

2. Die Paprika in kleine Würfel schneiden und anbraten.

3. Das Rührei ganz nach Geschmack zubereiten. Zum Beispiel mit etwas Milch, Salz, Pfeffer und Chili Pulver.

4. Bei Bedarf noch eine Erdnusssoße dazu reichen aus: 100ml Milch, einem Esslöffel Erdnussmus, Salz, Pfeffer und Chilipulver.

Champignon-Paprika

Champignons fügen jedem Gericht eine eigene Note hinzu. Zusammen mit geschmolzenem Camembert entsteht ein einzigartiges Aroma, das in diesem Fall durch die knackige Konsistenz der Paprika abgerundet wird.

Auflauf

Zutaten:

Für 4 Blöcke
* 300g Frische Champignons (1KHB)
* 100g / 1 stck Zwiebel (1KHB)
* 360g / 2 stck Paprika (2KHB)
* 160g Camembert (4EWB)

1. Zwiebeln und Champignons zusammen dünsten/schmoren, mit Salz und Pfeffer würzen. Danach in eine Auflaufform geben.

2. Die Paprikaschoten in kleine Würfel schneiden und anschwitzen. Danach in die Auflaufform geben.

3. Den Camembert in Streifen schneiden und das Gemüse in der Auflaufform damit bedecken.

4. Den Auflauf für 8-12 Minuten im vorgeheizten Ofen bei 220°C backen.

Knackiges Käsegemüse

Bei der Entwicklung neuer Rezepte steht der Schwierigste Teil am Ende: Die Namensfindung. Wie auch in diesem Fall, kommt man um Wortneuschöpfungen manchmal nicht herum, besonders dann, wenn der Name auch noch auf den Inhalt schliessen lassen soll. Schnell wird klar, dass bei diesem Rezept die Knackigkeit von der Zuckererbse herrührt.

Zutaten:

FÜR 4 BLÖCKE

* 180g / 1stck Paprika (1KHB)
* 200g Zucchini (0,66KHB)
* 100g Zuckererbsen (1,33KHB)
* 1 Zwiebel (1KHB)
* 70g / 2 Scheiben Gouda (2EWB)
* 70g Feta Käse (2EWB)
* 1 Esslöffel Erdnussbutter
* 30ml Sahne

1. Die Zwiebel mit Salz und Pfeffer anschwitzen.

2. Die Zucchini mit reichlich Salz hinzugeben und dünsten.

3. Nun die Paprika in kleine Würfel schneiden, die Zuckererbsen in Hälften schneiden und beides mit in der Pfanne erhitzen.

4. Das Erdnussmus hinzufügen. Unbehandeltes Erdnussmus mit Salz, etwas Chilipulver und Pfeffer würzen. Die Sahne hinzugeben, alle Zutaten miteinander vermengen.

5. Den Feta in Würfel schneiden und hinzugeben.

6. Wenn der Käse anfängt zu schmelzen, die Pfanne vom Herd nehmen und das Gericht servieren.

Strammer Max

Auch dieser Klassiker funktioniert in der Zone-Diät. Und selbst die unerfahrensten Köche haben mit der Zubereitung kaum Schwierigkeiten. Wenn also alles schiefgeht: Der Stramme Max hilft!

1 Eine Scheibe Brot auf einen Teller oder ein Frühstücksbrett legen.

2 Eine Pfanne erhitzen, zum Braten des Spiegelei einen Teelöffel Olivenöl hinzufügen.

3 Das Ei in der heissen Pfanne zum Spiegelei braten.

4 Währenddessen eine große Scheibe Kochschinken auf die Brotscheibe legen.

5 Das fertige Spiegelei auf den Kochschinken legen.

Zutaten:

FÜR 2 BLÖCKE

* 1 Scheibe Brot (2KHB)
* 1 dicke/große Scheibe (Koch-)Schinken (1EWB)
* 1 Ei (1EWB)

Tip:

Anstelle des Kochschinkens können Sie auch eine große Scheibe mittelalten Goudas verwenden. Oder ähnlichen Aufschnitt; wichtig ist die Proteinmenge von 7g — in der Regel sind dafür ca 35g Aufschnitt nötig.

Gefüllter Pfannkuchen

Unter den vielzähligen Möglichkeiten, die Sojamehl im Rahmen der Zone-Diät als Ersatz für Weizenmehl bietet, befindet sich auch der gefüllte Pfannkuchen. Geschmacklich eine Runde Sache, auch wenn die Zubereitung, speziell das Einrollen der Füllung ein wenig Fingerfertigkeit erfordert.

1 Die Zutaten für den Teig sorgfältig verrühren. Ca. 10 Minuten quellen lassen.

2 Den Pfannkuchen in einer Pfanne mit wenig Fett ausbacken. Den Teig dabei gleichmäßig verteilen. Der Pfannkuchen muss dünn genug werden, um beim späteren Rollen nicht durchzubrechen.

3 Die Zutaten der Füllung zerkleinern und in einer Pfanne scharf anbraten.

4 Die Füllung auf dem Pfannkuchen verteilen und darin einrollen.

Zutaten:

FÜR 2 BLÖCKE

Für den Teig
* 1 Ei (1EWB)
* 1 Teelöffel Salz
* 20g Sojamehl (1EWB)
* 25g Weizenmehl (2KHB)
* 100ml Milch

Für die Füllung:
* 180g / 1stck Paprika (1KHB)
* 2-3 Champignons
* 50g Mais (1KHB)
* 1 Scheibe / 30g Gouda (1EWB)
* 35g Wurstaufschnitt (1EWB)
* 1 Knoblauchzehe

Bratsellerie

Zweifelsohne schmecken nur echte Bratkartoffeln eben wie Bratkartoffeln. Doch ein nicht unwesentlicher Teil des Bratkartoffelgeschmacks kommt von den mit ihnen gebratenen Zwiebeln. Bei diesem Rezept wurden daher die Kartoffeln durch Sellerie ersetzt. Aufgrund des niedrigeren Kohlenhydratgehalts eignet sich Sellerie besser für die Zone-Diät als Kartoffeln.

MIT SPIEGELEI

1 Die Zwiebel in Würfel schneiden und glasig braten, mit Salz und Pfeffer würzen.

2 Den Sellerie schälen und ebenfalls in Würfel schneiden. Zu den Zwiebeln geben und mit Salz, etwas Pfeffer, Paprikapulver und Thymian würzen. Braten, bis der Sellerie eine appetitlich bräunliche Farbe annimmt.

3 Die Eier in einer Pfanne braten und zu Spiegeleiern verarbeiten.

Zutaten:

FÜR 4 BLÖCKE

* 350g Sellerie (Knolle) (3KHB)
* 100g / 1 Zwiebel (1KHB)
* 4 Eier (4EWB)

Würziger Gemüseauflauf

Einer der spannendsten Aspekte des Kochens ist, dass Zutaten immer wieder anderes kombiniert werden können. Selbst wenn immer die gleichen Zutaten verwendet werden, lassen sich doch immer wieder neue Möglichkeiten entdecken.

1. Die Knoblauchzehen zerkleinern/zerdrücken und in etwas Olivenöl goldgelb braten.

2. Die Zucchini in Viertelscheiben schneiden und hinzugeben. Mit reichlich Salz, etwas Pfeffer und 1EL Thymian nur kurz anbraten, dann in die Auflaufform geben.

3. Paprika klein schneiden und in Olivenöl anbraten. Anschliessend in die Auflaufform geben und mit dem übrigen Gemüse vermengen.

4. Die passierten Tomaten unter Hitze mit Milch und Tomatenmark verrühren und nach Geschmack mit reichlich Salz, etwas Pfeffer, Oregano und Kräutern der Provence würzen. Diese Soße über das Gemüse geben.

Zutaten:

FÜR 4 BLÖCKE

* 450g Zucchini (1,5KHB)
* 360g / 2stck Rote Paprika (2KHB)
* 100ml Passierte Tomaten (0,5KHB)
* 2 Knoblauchzehen
* 50ml Milch
* 1 EL Tomatenmark
* 160g Camembert (4EWB)

5. Den Camembert in Scheiben schneiden und auf dem Gemüse verteilen

6. Bei 220°C ca 10 Minuten backen.

Gemüse-Tomaten-Auflauf

Fertig passierte Tomaten sind oft nur in Tetrapacks zu etwa 500g erhältlich. Sollte beim Kochen einmal etwas davon übrig bleiben, kann es sehr gut zur Improvisation und zum Ausprobieren neuer Kreationen verwendet werden, denn neben dem Geschmack gibt es zum Beispiel vielen Pfannegerichten auch Saftigkeit und Frische. Von diesen Eigenschaften profitiert auch dieser Auflauf.

www.urgeschmack.de präsentiert:

1 Zwiebel und Knoblauch kleinschneiden und glasig braten, mit Pfeffer würzen.

2 Passierte Tomaten hinzugeben. Die Paprika in Würfel schneiden und nebst Mais in die Pfanne geben. Würzen mit Salz, Pfeffer und Oregano.

3 Feta in Würfel schneiden und hinzugeben. Erhitzen, bis der Feta schmilzt.

4 In eine Auflaufform geben und mit dem Gouda belegen.

5 10 Minuten bei 220°C im Ofen backen.

Zutaten:

Für 4 Blöcke

* 1 Paprika (1KHB)
* 1 (ca 100g) Zwiebel (1KHB)
* 50g Mais (1KHB)
* 1 Knoblauchzehe
* 200ml Passierte Tomaten (1KHB)
* 70g Fetakäse (2EWB)
* 60g Mittelalter Gouda (2EWB)

Gemüseauflauf

Aufläufe lassen sich oft sehr schnell und einfach zubereiten. Zudem ist dafür meist keine große oder besonders umfangreich ausgestattete Küche vonnöten. Bezüglich der Zutaten sind die Kombinationsmöglichkeiten nahezu grenzenlos.

Zutaten:

FÜR 4 BLÖCKE

* 150g / 1stck Kohlrabi (1KHB)
* 180g / 1stck Paprika (1KHB)
* 100g / 1stck Zwiebel (1KHB)
* 300g Zucchini (1KHB)
* 120g Scheibenkäse (4EWB)
* 100ml Milch

1. Nacheinander Zwiebeln, Kohlrabi und Paprika in einer Pfanne mit etwas Olivenöl anbraten.

2. Das Gemüse nach dem Braten in eine Auflaufform geben.

3. Milch in einer Pfanne erhitzen, den Käse unter Rühren darin lösen. Nicht kochen!

4. Die Käsesoße über das Gemüse giessen und verteilen.

5. Für ca 15 Minuten bei 200°C backen, bis der Käse stellenweise bräunliche Farbe annimmt.

Wildschwein mit Rotkohl

Dieses ist ein exemplarisches Rezept, das zeigt, wie einfach Ihre bekannten Mahlzeiten und auch Essgewohnheiten sich an die Zone-Diät anpassen lassen. Letztlich ist der Weg immer der gleiche und der Aufwand in der Regel sehr gering. Ein klassisches, hervorragend schmeckendes Gericht wie dieses motiviert hoffentlich dazu, es selbst auszuprobieren.

...UND KARTOFFELKNÖDELN

1 Beginnen Sie mit dem Eiweiß: Wie viele Blöcke möchten Sie essen? Wir legen 3 zugrunde und berechnen entsprechend. Ein Eiweißblock enthält 7g Eiweiß, benötigt werden also 3x7g=21g Eiweiß. Wildschwein enthält ca 14g Eiweiß pro 100g, davon benötigen wir also 150g. Der Eiweißanteil ist somit berechnet.

2 Ein Kohlenhydratblock enthält 9g Kohlenhydrate, benötigt werden also 3x9g=27g Kohlenhydrate. Rotkohl enthält ca 5g KH pro 100g. 160g Rotkohl ergeben somit 9g Kohlenhydrate, also 1 Block. Kartoffelknödel enthalten etwa 25g KH pro 100g. Der Knödel sollte also 70g wiegen (oder zurechtgeschnitten werden) um 18g Kohlenhydrate, also 2 Block zu erhalten. Und so ist auch die Berechnung der KH-Blöcke abgeschlossen.

Zutaten:

FÜR 3 BLÖCKE

* 150g Wildschwein (3EWB)
* 100g / 1 stck Kartoffelknödel (2KHB)
* 160g Rotkohl (1KHB)

Tip:

Den Nährstoffgehalt einzelner Zutaten finden Sie in sogenannten Nährwerttabellen. Diese können Sie im Buchhandel, aber auch einfach im Internet finden. Passende Stichworte sind „Nährwerttabelle" oder auch „Lebensmitteldatenbank".

GARNELEN

Die Weltmeere haben zahlreiche kulinarische Schätze zu bieten. Und auch wenn natürlich ein fangfrischer Fisch um ein vielfaches besser und aromatischer schmeckt als Tiefkühlware, kann der gelegentliche Griff in die Kühltruhe beim Discounter nicht schaden. Dort gibt es zu sehr fairen Preisen in der Regel auch Garnelen: Eine gute Eiweißquelle und eine wunderbare Basis zu einer Gemüsebeilage.

MIT GEBRATENEM GEMÜSE

Zutaten:

Für 4 Blöcke

* 225g Garnelen (4EWB)
* 50g / 1 kleine Zwiebel (0,5KHB)
* 300g Kohlrabi (2KHB)
* 180g / 1 stck Paprika (1KHB)
* 100ml Passierte Tomaten (0,5KHB)
* 2 Knoblauchzehen

1. Den Knoblauch zerdrücken und mit drei Esslöffel Olivenöl sowie Salz, Pfeffer und Kräutern der Provence verrühren. Die Garnelen darin für ca 2 Stunden marinieren

2. Die Zwiebel in Ringe schneiden und braten, mit Salz und Pfeffer würzen.

3. Kohlrabi in dünne Streifen schneiden, zur Zwiebel geben und anbraten. Mit Salz würzen.

4. Die Paprika ebenfalls in Streifen schneiden und zusammen mit dem übrigen Gemüse erhitzen.

5. Passierte Tomaten über das Gemüse geben und mit Salz, Pfeffer, Chilipulver und Oregano würzen.

6. Die Garnelen mit der Marinade in eine heisse Pfanne geben und je Seite ca 2 Minuten scharf anbraten.

7. Gemüse und Garnelen auf Tellern anrichten und servieren.

BANANE HELENE

Inspiriert von Loriots Klassiker „Papa ante portas" und unter Verwendung des Proteinpudding von LSP-Sports entstand dieses Dessert. Es diente mir einige Zeit als „Abendsnack". Die Zubereitung ist einfach und schnell erledigt.

Zutaten:

FÜR 4,3 BLÖCKE

* 30g Proteinpudding (3EWB)
* 270ml Milch (1,3EWB+1,3KHB)
* 1 Banane (3KHB)

1. Das Puddingpulver gut mit der Milch verrühren und schaumig schlagen.

2. Den Pudding auf zwei Schüsseln aufteilen, die Banane halbieren, bei Bedarf kleinschneiden und hinzugeben

3. Die Menge der Milch kann ggfs auf 250ml reduziert werden, keinesfalls jedoch weniger: Der Pudding wird sonst sehr fest und schmeckt nicht mehr.

Salatgemüse

Handelsübliches Gemüse wie Tomate und besonders Gurke wird oft nur in Salaten verwendet und findet seinen Weg selten in warme Gerichte. Das ändert sich mit diesem Rezept.

IN ERDNUSS-TOMATENSOSSE

1 Die Tomaten in etwas Olivenöl mit einem Teelöffel Oregano braten.

2 Die Gurke in Viertelscheiben schneiden und zusammen mit den Bohnen zur Tomate geben und erhitzen. Mit Salz würzen.

3 Erdnussbutter mit Milch und passierten Tomaten verrühren, mit reichlich Salz, etwas Pfeffer und einem Teelöffel Oregano verrühren und in die Pfanne geben.

3 Die Zutaten unter Hitze vermengen. Den Käse in Würfel schneiden und hinzugeben.

4 Wenn der Käse zu schmelzen beginnt, die Pfanne vom Herd nehmen und das Gericht servieren.

Zutaten:

FÜR 4 BLÖCKE

* 225g Cherry-Tomaten (1KHB)
* 400g Salatgurke (1KHB)
* 150g Kidneybohnen (2KHB)
* 60g Mittelalter Gouda (2EWB)
* 70g Feta (2EWB)
* 1TL Erdnussmus
* 100ml Milch
* 40ml Passierte Tomaten

BUTTERBROT: KNIFFTE,

So vielfältig wie die Bezeichnungen sind auch die Varianten und die Verwendungszwecke. Ob nun für das „zweite Frühstück", die Mittagspause oder als Abendessen: Das Butterbrot ist in Deutschland beinahe allgegenwärtig. Dabei ist Brot sicher nicht das beste Lebensmittel für die Ernährung in der Zone-Diät. Besser allerdings als Donuts, Hamburger und Fritten, die sich hunderttausende Kinder täglich in der Schulpause einverleiben. Hier also etwas einfaches und schnelles — auch zum Mitnehmen geeignet.

Stulle, Bemme, Donge...

Zutaten:

Für 2 Blöcke

* 1 Scheibe / 60g Vollkornbrot (2KHB)
* 1 Scheibe / 35g Käse (1EWB)
* 1 Scheibe / 35g Putenbrust (1EWB)
* 1/2 TL Erdnussbutter

1. Die Brotscheibe mit Erdnussbutter bestreichen.

2. Aufschnitt: Ja, im Vergleich zum Durchschnittsbutterbrot ist es viel. Aber wer legt sich nicht gern eine Scheibe Aufschnitt mehr auf sein Butterbrot?

3. Grundsätzlich müssen 14g Eiweiss erreicht werden. Dafür reichen in der Regel 60-70g Aufschnitt (Käse oder Wurst).

4. Bei Bedarf den Aufschnitt noch dünn mit etwas Sahnemeerrettich bestreichen.

Tip:

Herkömmliches Mehl enthält Gluten, auch „Klebereiweiß" genannt. Gluten verursacht bei einigen Menschen gesundheitliche Probleme und Allergien. Näheres erfahren Sie im Internet mittels Suchen nach „Gluten" und auch „Zölikalie".

WIRSINGAUFLAUF

Im Rahmen der Zone-Diät ist Kohl neben seinen gesunden Inhaltsstoffen auch immer dann sinnvoll, wenn man sich mal so richtig satt essen möchte. Der Kohlenhydratgehalt ist verhältnismäßig gering und die zu verzehrende Menge entsprechend groß. Und die Zubereitungsmöglichkeiten sind so vielfältig, daß eigentlich für jeden etwas dabei sein sollte.

Zutaten:

FÜR 4 BLÖCKE

* 1 Kopf Wirsing (ergibt etwa 400g geschnittene Wirsingblätter (2KHB)
* 180g / 1stck Paprika (1KHB)
* 100g / 1stck. Zwiebel (1KHB)
* 120g Gouda (4EWB)
* 100ml Milch

1. Die Zwiebel in Ringe schneiden und anschwitzen.

2. Wirsing zerlegen (Strunk entfernen) und in kleine Stücke schneiden. Zur Zwiebel geben und scharf anbraten.

3. Danach 100ml Wasser hinzufügen und ca 10 Minuten kochen (bis zur gewünschten Konsistenz).

4. Die Paprika in kleine Würfel schneiden hinzugeben und erhitzen. Das Gemüse in eine Auflaufform geben.

5. Die Milch erhitzen und den Käse darin schmelzen. Durch mittelalten Gouda bekommt die Soße eine sämige Konsistenz.

6. Wenn der Käse geschmolzen ist, die entstandene Soße über das Gemüse giessen.

7. Die Auflaufform für 8-10 Minuten bei 250°C in den vorgeheizten Ofen stellen. Sobald die Oberfläche stellenweise eine appetitlich-bräunliche Farbe annimmt, ist der Auflauf fertig.

ERDNUSSHÄHNCHEN

Erdnusssoße ist einfacher herzustellen, als dies oft vermutet wird. In diesem Rezept harmoniert sie sehr gut mit dem scharf angebratenen Hähnchenfleisch und dem Gemüse. Grundsätzlich ist sie sehr flexibel einsetzbar und bereichert jede Küche.

MIT GEMÜSE

1. Zunächst die Zwiebel in Würfel schneiden und glasig braten. Mit Salz und Pfeffer würzen.

2. Den Kohlrabi in kleine Würfel schneiden und hinzufügen. Genauso mit der Zucchini verfahren und mit Salz würzen.

3. Mais hinzufügen, mit zwei TL Kräutern der Provence würzen und nach Geschmack mit 2 EL Sojasoße verfeinern.

4. Die Hähnchenfilets in einer Pfanne scharf anbraten.

5. Wenn die Filets fertig sind, die Erdnussbutter in die Pfanne geben, mit 100ml Milch verdünnen und mit einem TL Salz, Pfeffer und Chilipulver würzen. Die Filetstücke mit der Soße vermengen.

Zutaten:

Für 4 Blöcke

* 300g Zucchini (1KHB)
* 150g Kohlrabi (1KHB)
* 50g Mais (1KHB)
* 100g / 1stck. Zwiebel (1KHB)
* 125g Hähnchenfilets (4EWB)
* 1 EL Erdnussbutter (unbehandelt)

6. Das auf diese Weise zugleich marinierte Fleisch zusammen mit der Soße über das Gemüse geben.

Erdbeerparfait

Auch ein Erdbeerparfait lässt sich Zone-gerecht herstellen. Durch den niedrigen Zuckergehalt kommt das Erdbeeraroma noch besser zur Geltung.

Zutaten:

FÜR 2,5 BLÖCKE

* 115g Erdbeeren (1KHB)
* 100ml Sahne (0,5KHB+0,5EWB)
* 1 Ei (1EWB)
* 9g Zucker (1KHB)
* 10g Proteinpulver (1EWB)

1. Die Erdbeeren waschen und die Stiele entfernen, dann pürieren. Zucker und Proteinpulver sorgfältig unterrühren.

2. Die Sahne steif schlagen, dann die pürierten Erdbeeren unterheben.

3. Das Eiweiß vom Eigelb trennen und schaumig schlagen. Unter die Sahne heben.

4. Eine kleine, für Parfaits geeignete Form mit Frischhaltefolie auslegen die Masse einfüllen.

5. Für 3-5 Stunden in den Tiefkühler stellen.

Hinweis:

Das verwendete Proteinpulver sollte auf jeden Fall ein gesüßtes sein. Denkbar ist hier der in diesem Buch mehrfach erwähnte Proteinpudding von LSP-Sports, aber auch andere Pulver zum Beispiel in Geschmacksrichtung „Vanille".

Kohlrabi-Tomatensuppe

Tomatensuppen sind auf fast allen Speisenkarten der Welt zu finden. So vielfältig der Geschmack auch sein mag: In der Regel beschränken die Köche sich auf die immer gleichen Zutaten. Die Erweiterung um Kohlrabi tut der Suppe allerdings gut und fügt ihr eine eigene Note hinzu.

1 Die Zwiebel in Ringe schneiden und glasig braten, mit Salz und Pfeffer würzen. Wenn verfügbar, ein kleines Stück Ingwer in kleine Streifen schneiden und hinzugeben.

2 Kohlrabi in kleine Würfel schneiden und zu den Zwiebeln geben, von allen Seiten kurz anbraten und mit Salz würzen.

3 Die Passierten Tomaten in einem Topf erhitzen, Zwiebeln und Kohlrabi hinzugeben und kurz aufkochen. Mit reichlich Salz, etwas Pfeffer und einem Teelöffel Oregano würzen.

4 Das Ei in die Suppe schlagen und kurz umrühren.

Zutaten:

FÜR 4 BLÖCKE

* 150g Kohlrabi (1KHB)
* 400ml Passierte Tomaten (2KHB)
* 100g / 1 stck Zwiebel (1KHB)
* 1 Ei (1EWB)
* 100g Mittelalter Gouda (3EWB)

5 Abschliessend den Käse in Würfel schneiden und in die Suppe geben. Wenn er halb geschmolzen ist, die Suppe servieren.

Gefüllte Zucchini

Natürlich ist ein gefülltes Gemüse in der Regel auf dem Teller schön anzusehen. Doch geht es nicht allein darum. Wie zum Beispiel im Falle dieses Rezepts werden das zu füllende Objekt und die Füllung selbst auf verschiedene Weise zubereitet und erhalten daher auch grundverschiedene Aromen und Konsistenzen.

www.urgeschmack.de präsentiert:

Zutaten:

FÜR 2 BLÖCKE

* 300g Zucchini (1KHB)
* 150g Champignons (0,5KHB)
* 50g / 1 kleine Zwiebel (0,5KHB)
* 70g Feta (2EWB)
* 50ml Milch

1. Eine der Zucchinis halbieren und aushöhlen, das Fruchtfleisch aufheben und später mit zur Füllung geben. Die Zucchinihälften kurz scharf anbraten, dann mit Wasser ablöschen und einige Minuten dünsten.

2. Die Zwiebel in Würfel schneiden und glasig braten, mit Salz und Pfeffer würzen.

3. Champignons halbieren oder vierteln und zur Zwiebel geben. Mit Salz und einer Prise Zimt würzen.

4. Die übrigen Zucchinis und das Fruchtfleisch aus dem ersten Schritt in kleine Stücke schneiden und in die Pfanne geben, mit Salz würzen.

5. Den Feta in kleine Würfel schneiden und in die Pfanne geben. Milch hinzugeben und alles verrühren, bis der Feta anfängt, zu schmelzen.

6. Die Füllung in die ausgehöhlten Zucchinihälften geben und servieren.

Nusskuchen

Dieses ist ein besonders saftiger Kuchen. Anstelle des sonst verwendeten Zuckers kommt hier Honig zum Einsatz, denn der schmeckt bei gleicher Kohlenhydratmenge süßer als normaler Haushaltszucker. Mit nur wenigen Zutaten und in kürzester Zeit ist dieses Gebäck zubereitet.

1. Das Eiweiß sorgfältig vom Eigelb trennen und steif schlagen.

2. Nüsse mit Eigelb und Honig glattrühren und unter das Eiweiß heben.

3. In eine kleine Kuchenform geben und 20 Minuten bei 200°C backen.

4. Dieser Kuchen ist nicht übermäßig süß.

Zutaten:

FÜR 4 BLÖCKE

* 4 Eier (4EWB)
* 60g gemahlene Nüsse
* 4 TL Honig (4KHB)
* 2 TL Mandelmus

Tip:

Statt des hier angegebenen Mandelmus kann auch Erdnussmus verwendet werden. Wichtig ist, dass es sich um unbehandeltes, reines Nussmus handelt ohne Zusatzsstoffe wie Salz. Diese Art Mus ist beim Backen ein sehr gesunder Ersatz für Butter und Margarine.

Tomatensuppe

Auch Zone-gerechte Suppen lassen sich schnell und einfach kochen. Ob nun auf Basis von Brühen, Cremes oder—wie hier—passierten Tomaten: Mit den entsprechenden Zutaten wird eine schmackhafte und sättigende Speise daraus.

MIT FETA-KOHLRABI-OMELETTS

Zutaten:

FÜR 4 BLÖCKE

* 400ml passierte Tomaten (2KHB)
* 150g Kohlrabi (1KHB)
* 180g / 1stck. Paprika (1KHB)
* 70g Feta (1EWB)
* 2 Eier (2EWB)

1. Die passierten Tomaten in einem Topf erhitzen und mit reichlich Salz, Pfeffer, Oregano und einer Prise Zucker abschmecken. Kurz aufkochen.

2. Die Paprika in kleine Stücke schneiden und zur Suppe geben.

3. Feta und Kohlrabi in kleine Würfel schneiden und mit den Eiern verrühren. Mit Salz und Pfeffer würzen.

4. Diese Masse nun in einer Pfanne zu kleinen Omeletts ausbacken.

5. Die Suppe auf zwei Teller geben, die Omeletts darauf legen und servieren.

Fetaomeletts

Durch seinen sehr starken und würzigen Eigengeschmack bietet Hirtenkäse sich auch als Basis einer ganzen Hauptmahlzeit an. In Form eines Omeletts kann er seine Konsistenz optimal halten und lässt sich sehr einfach verzehren. Serviert mit knackigem Gemüse wird daraus eine leichte Speise auch für heiße Sommertage.

MIT GEDÜNSTETER ZUCCHINI

1 Den Feta in kleine Würfel schneiden. Die Eier darüber schlagen und verrühren, mit Salz und Pfeffer würzen.

2 Nun die Zwiebel in Würfel schneiden und mit etwas Olivenöl in einer Pfanne glasig braten, dabei mit Pfeffer würzen.

3 Den Kohlrabi in kleine Scheiben schneiden und zum Anbraten mit in die Pfanne geben, dabei mit Salz abschmecken.

4 Zucchini der Länge nach in Scheiben schneiden und in einer weiteren Pfanne kurz anbraten, dann mit Wasser ablöschen und 2-3 Minuten dünsten. Mit Salz und Pfeffer würzen.

Zutaten:

FÜR 4 BLÖCKE

* 70g Feta (2EWB)
* 2 Eier (2EWB)
* 100g / 1 stck Zwiebel (1KHB)
* 300g Zucchini (1KHB)
* 300g Kohlrabi (2KHB)

5 Anschliessend die Feta-Ei-Masse in eine heisse Pfanne geben und zu vier kleinen Omeletts ausbacken.

Brokkoli mit Käsesosse

Die einzigartige Konsistenz des Brokkoli macht ihn zu einem sehr guten Solisten auf dem Teller. Zusammen mit einer Käsesoße ist der Genuss vollständig - die Variationsmöglichkeiten sind hier schier unendlich. Ob Grünschimmel, Blauschimmel oder einfacher Gouda: Für jeden Geschmack ist etwas dabei und die geschmackliche Harmonie mit dem knackigen Gemüse ist immer gegeben.

Zutaten:

FÜR 4 BLÖCKE

* 500g Brokkoli (4KHB)
* 140g Käse (4EWB)
* 50ml Milch

1. Den Brokkoli je nach Wunsch zerkleinern. Auch der Strunk kann in Würfel geschnitten mit verwendet werden. In eine Pfanne geben und einige Minuten mit etwas Olivenöl scharf anbraten, dabei wenden. Mit Salz, Pfeffer und Muskatnuss würzen.

2. Nach 5-8 Minuten ca 200ml Wasser in die Pfanne geben und den Brokkoli für etwa 10 Minuten dünsten.

3. Die Milch in einem Topf erhitzen (nicht kochen!). Den Käse zerkleinern und hinzugeben. Unter Rühren schmelzen.

Sautiertes Rindfleisch

Eine sehr einfache und erfolgsträchtige Zubereitungsart für Rindfleisch ist das Sautieren kleiner Stücke. Dabei wird nur höchstens so viel Fleisch in die Pfanne gegeben, dass alles nebeneinander liegen kann. Das Fleisch ist sehr schnell gar und wird bleibt zart. Die kleinen Stücke sind ausserdem leicht verzehrbar. Mit etwas gedünstetem Gemüse entsteht so ein leichtes und unkompliziertes Gericht. Wer mag, reicht dazu eine Guacamole.

MIT GEMÜSE

1. Die Zwiebel in Ringe schneiden und glasig braten, mit Salz und Pfeffer würzen.

2. Kohlrabi in kleine Scheiben schneiden und zur Zwiebel geben, kurz anbraten und mit Salz abschmecken.

3. Die Zucchini in Scheiben schneiden und anbraten, dabei mit Sojasoße würzen.

4. Anschliessend die Paprika in kleine Stücke schneiden und hinzugeben. Das gesamte Gemüse vermengen und bei geringer Hitze kurz ruhen lassen.

5. Das Rindfleisch in kleine Würfel geben und in eine heisse Pfanne mit etwas Olivenöl geben. Kurz von allen Seiten scharf anbraten und mit Salz und Pfeffer würzen.

Zutaten:

FÜR 4 BLÖCKE

* 140g Rindfleisch (4EWB)
* 300g Zucchini (1KHB)
* 180g / 1 stck. Paprika (1KHB)
* 150g Kohlrabi (1KHB)
* 100g / 1 stck. Zwiebel (1KHB)

Sommergemüse

Ratatouille oder nicht? Nun, die Champignons wären da sicherlich weniger konventionell. Auch wenn dieses Gericht ähnlich von den farbenfrohen Inhaltsstoffen profitiert wie der französische Klassiker, ist anzumerken, dass die Abweichung sich ebenfalls auf das Gewürz bzw die Soße bezieht: Käsesoße aus Weichkäse findet man im herkömmlichen Ratatouille wohl seltener.

Zutaten:

FÜR 4 BLÖCKE

* 300g Zucchini (1KHB)
* 300g Champignons (1KHB)
* 360g / 2 stck Paprika (2KHB)
* 160g Camembert (4EWB)
* 50ml Sahne oder Milch

1. Die Champignons in einer Pfanne braten oder schmoren, dabei mit Salz und Pfeffer würzen. Mit Sahne oder Milch den Bratensatz binden und zusammen mit den Champignons zur Seite stellen.

2. Nun die Zucchini in Scheiben schneiden und kurz anbraten. Mit Salz würzen und etwas Sojasoße hinzugeben.

3. Die Paprikaschoten in kleine Stücke schneiden und bei mittlerer Hitze zur Zucchini geben.

4. Den Weichkäse in Würfel schneiden und in die Pfanne geben. Unter Hitze mit dem Gemüse vermengen, bis er geschmolzen ist.

5. Das Gemüse auf Tellern anrichten, die Champignons hinzugeben und servieren.

Honigcreme

Süße Desserts bleiben die größte Herausforderung, wenn es um die Entwicklung von Rezepten für die Zone-Diät geht. Zucker hat die höchstdenkbare Kohlenhydratkonzentration. Ein Teelöffel Zucker entspricht schon einem Kohlenhydratblock – besonders satt würde man allein davon also nicht. Das Resultat bei herkömmlicher Herangehensweise wären also sehr, sehr kleine Dessertportionen oder wesentlich weniger süße Desserts. Die hier beschriebene Honigcreme umgeht diesen Kompromiss und bringt einen wundervollen, von der verwendeten Honigsorte abhängigen Eigengeschmack mit.

1. Den Honig sorgfältig mit dem Quark verrühren. Durch Verwendung eines elektrischen Rührgeräts wird das Dessert luftiger.

Zutaten:

Für 4 Blöcke

* 230g Magerquark (4EWB)
* 36g Honig (4KHB)

Tip:
Investieren Sie ruhig etwas Zeit in die Suche nach einem wirklich aromatisch schmeckenden Honig. In der Regel sind örtliche Imker hier die besten Ansprechpartner. Die in Supermärkten erhältlichen Sorten sind leider oft so stark modifiziert und mit Zusatzstoffen versehen, dass nur wenig vom eigentlichen Honiggenuss übrig bleibt.

GEFÜLLTE CHAMPIGNONKÖPFE

Champignonköpfe, besonders die großen Exemplare, lassen sich nicht nur mit Kräuterbutter füllen. Auch eine beinahe cremeartige Mischung aus knackigem Gemüse passt sehr gut zu den Pilzen. Der Camembert sorgt bei diesem Rezept neben dem Eiweißanteil auch für die Bindung.

Zutaten:

FÜR 4 BLÖCKE

* 360g / 2stck Paprika (2KHB)
* 100g / 1stck Zwiebel (1KHB)
* 300g Große Champignons (1KHB)
* 160g Camembert (4EWB)

1. Zunächst die Champignonköpfe vorbereiten: Vorsichtig die Stiele entfernen, die Köpfe dann in etwas Olivenöl von beiden Seiten anbraten. Anschliessend zur Seite stellen.

2. Die Zwiebel in Würfel schneiden und glasig braten, mit Salz und Pfeffer würzen.

3. Beide Paprikaschoten in kleine Würfel schneiden, zur Zwiebel geben und anbraten.

4. Den Camembert in Würfel schneiden und zum Gemüse geben. In der Pfanne wenden bis er schmilzt und sich mit dem Gemüse verbindet.

5. Die Champignonköpfe auf einem Teller anrichten und mit der Gemüse-Käse-Mischung füllen.

Blumenkohl mit Käsesosse

Auch der Blumenkohl lässt sich hervorragend zum alleinigen Star einer Mahlzeit machen, wenn man ihn mit Käsesoße serviert. In diesem Falle wurde der Soße für ein noch kräftigeres Aroma noch Knoblauch hinzugefügt.

1 Zuerst den Blumenkohl zerkleinern, dabei auf möglichst gleichemäßige Größe der Teile achten. Auch das innere des Strunks kann in Würfel geschnitten mit verwendet werden. In eine Pfanne geben und einige Minuten mit etwas Olivenöl scharf anbraten. Mit Salz, Pfeffer und Muskatnuss würzen.

2 Nach 5-8 Minuten ca 200ml Wasser in die Pfanne geben und den Bluemnkohl für etwa 12 Minuten unter wenden dünsten.

3 In einem Topf etwas Olivenöl erhitzen und den Knoblauch darin braten, bis er goldbraun wird.

4 Die Milch in den Topf geben und erhitzen (nicht kochen!). Den Käse zerkleinern und hinzugeben. Unter Rühren schmelzen.

Zutaten:

FÜR 4 BLÖCKE

* 700g Blumenkohl (4KHB)
* 140g Käse (4EWB)
* 50ml Sahne oder Milch
* 2 Knoblauchzehen

Knackiger Garnelensalat

In dem Versuch, möglichst hochwertige, frische und gesund erzeugte Ware zu erhalten, besuche ich häufiger Wochenmärkte. Natürlich landen ob der dortigen Vielfalt nicht selten auch unerwartete Lebensmittel in meinem Warenkorb. So diese fangfrischen Garnelen, zu denen ich anlässlich des hervorragenden Sommerwetters einen frischen und knackigen Salat bereitet habe.

1 Zuerst die Garnelen fachgerecht zerlegen und gegebenenfalls kurz unter kaltem Wasser abspülen.

2 Den Kohlrabi in 5mm breite Scheiben schneiden, dann mit einer Küchenreibe zu dünnen Streifen verarbeiten.

3 Die Karotten ebenfalls mit einer Küchenreibe in Stücke gewünschter Größe zerreiben.

4 Kohlrabi und Karotten zusammen in eine Schüssel geben und vermengen. Einen Schuss Olivenöl hinzugeben und nach Geschmack mit Salz und Pfeffer würzen.

5 Anschliessend die Garnelen und die Pekannüsse darauf drappieren und servieren.

Zutaten:

FÜR 2 BLÖCKE

* 90g Garnelenfleisch (2EWB)
* 150g Kohlrabi (1KHB)
* 100g Karotten (1KHB)
* 6g Pekannnüsse

Kirsch-Shake

Hier handelt es sich um ein 100% Zone-gerechtes Getränk, das äusserst schnell zubereitet ist und jeden Frucht-Shake Fan zufrieden stellen sollte. Zum Einsatz kommen unter anderem tiefgefrorene Kirschen vom Discounter.

Zutaten:

FÜR 2,5 BLÖCKE

* 200g Tiefgekühlte Kirschen (2KHB)
* 2 Eier (2EWB)
* 6 Mandeln
* 100ml Milch (0,5 EWB+0,5KHB)

1. Bei den Tiefkühl-Kirschen ist auf den Nährwert zu achten. Insgesamt sollten 18g Kohlenhydrate in diesen Shake einfliessen. Tiefgekühlte Kirschen haben durch die vorhergehende Bearbeitung meist eine andere Nährstoffzusammensetzung mit geringerem Kohlenhydratanteil als frische Kirschen.

2. Sämtliche Zutaten in einen Mixer geben und gut durchmixen. Gegebenenfalls zwischendurch schütteln, um verkantete Zutaten zu lösen.

3. Sobald eine homogene Masse mit kleinen Stückchen entstanden ist, kann das Getränk serviert und beinahe eiskalt getrunken werden.

Marktsalat

Viel knackiger und frischer kann ein Salat kaum werden. Alles in diesem Gericht ist bissfest, selbst der Feta gehört zu den härteren Käsesorten und die Pekannüsse runden das Gesamtbild ab. Ein einziger Streifzug über den Wochenmarkt füllt den Einkaufskorb mit diesen leckeren Zutaten.

1 Alle Zutaten in Stücke gewünschter Größe schneiden oder reiben.

2 Den Feta in kleine Würfel schneiden und mit den übrigen Zutaten vermengen.

3 Als Dressing passt hierzu sehr gut eine Mischung aus Olivenöl, etwas Balsamico, Salz, Pfeffer und Chilipulver.

Zutaten:

Für 4 Blöcke

* 140g Feta (4EWB)
* 200g Karotten (2KHB)
* 150g Kohlrabi (1KHB)
* 300g Radieschen (1KHB)
* 12g Pekannüsse

Pangasius Salat

Fisch macht frisch gebraten auch im Salat eine gute Figur. Durch das Anbraten mit den passenden Gewürzen stellt sich auch in der Konsistenz ein angenehmer Kontrast zu den knackigen Gemüsen ein. So ergibt sich eine willkommene Abwechslung im Salat und eine Nahrhafte Alternative zu Käse oder Thunfischkonserven.

Zutaten:

FÜR 4 BLÖCKE

* 180g Pangasiusfilet (4EWB)
* 100g Karotten (1KHB)
* 180g / 1stck Paprika (1KHB)
* 300g Radieschen (1KHB)
* 300g Salatherzen (1KHB)

1. Salatherzen, Karotten, Paprika und Radieschen zerkleinern und miteinander vermengen.

2. Das Pangasiusfilet mit etwas Olivenöl in eine heisse Pfanne geben. Beide Seiten für ca 3-4 Minuten anbraten bis der Fisch durch ist. Dabei mit Salz und Pfeffer würzen sowie mit einem Schuss Sojasoße abschmecken.

3. Als Dressing passt dazu eine Mischung aus Olivenöl, Balsamico, Salz, Pfeffer und Chilipulver.

Kaninchenkeule

Es muss nicht immer Geflügel sein — denn auch Kleinwild wie das Kaninchen bietet ansehnliche und doch portionsgerechte Keulen. Der eigene Geschmack des Wilds ist eine angenehme und auch sehr gesunde Alternative zu Rind und Schwein. Noch dazu ist die Zubereitung unkompliziert.

MIT ROSENKOHL

Zutaten:

FÜR 6 BLÖCKE
* 210g Kaninchenfleisch (6EWB)
* 900g Rosenkohl (6KHB)

1. Das Kaninchenfleisch mit Salz, Pfeffer, Knoblauch und Kräutern würzen und in einen Bratschlauch geben. Alternativ ist auch eine herkömmliche Form zu verwendbar, die (mit Alufolie) abgedeckt wird.

2. So vorbereitet das Fleisch in den Ofen geben und bei 200°C je nach Effizienz und Funktionsweise des Ofens für 4-5 Stunden garen.

3. Eine halbe Stunde vor Ablauf der Garzeit den Bratschlauch bzw die Abdeckung entfernen und so das Kaninchen noch etwas bräunen.

4. Den Rosenkohl zubereiten. Dafür den Kohl putzen und mit ca 200ml Wasser in einem Topf schmoren. Mit Salz, Pfeffer und Oregano würzen.

5. Das Fleisch und den Rosenkohl auf einem Teller anrichten und servieren.

Hähnchenpfanne

Zugegeben: ich mag Käse. Entsprechend oft ziehe ich in meinen Rezepten das nötige Eiweiß daraus. Aber auch Hähnchenfleisch ist ein guter Eiweißlieferant und kann wie in diesem Rezept kombiniert werden. Obwohl es sich um ein Pfannengericht handelt, werden hier drei Gruppen nacheinander zubereitet, um die verschiedenen Aromen während der Zubereitung besser zu trennen.

1. Die Zwiebeln mit Salz und Pfeffer glasig braten, anschliessend zur Seite legen.

2. Das Hähnchenfleisch in kleine Würfel schneiden, mit dem gepressten Knoblauch und der kleingeschnittenen Ananas sowie etwas Paprikapulver marinieren und dann scharf anbraten. Anschliessend ebenfalls zur Seite legen.

3. Die restlichen Zutaten kleinschneiden und dünsten/braten, mit Kräutern der Provence und etwas Salz würzen.

Zutaten:

Für 6 Blöcke

* 180g Hähnchenfilets (6EWB)
* 1 Gelbe Paprika (1KHB)
* 1 Rote Paprika (1KHB)
* 100g Mais (2KHB)
* 1 Zwiebel (1KHB)
* 60g (2 Scheiben) Ananas (1KHB)
* 100g Champignons
* 1 Knoblauchzehe

4. Alle Zutaten zusammengeführen, kurz umrühren und servieren.

Tip:
Dosenmais finden Sie im Handel mit einem pro-100g-Kohlenhydratgehalt zwischen ca 10-20g. Zu bevorzugen sind die Sorten mit möglichst wenigen Kohlenhydraten.

Felix Olschewski kocht, schreibt und coacht aus Leidenschaft. Er ist der festen Überzeugung, dass wahre Qualität nur liefern kann, wer seiner Arbeit mit Leidenschaft nachgeht: „Nur wenn wir mit Leidenschaft leben und immer unser Bestes geben, können wir die Welt zu einem besseren Ort machen."
Die Entwicklung schmackhafter und einfacher Rezepter auf Basis gesunder und natürlicher Ernährung ist Felix eine Herzensangelegenheit: „Ich esse viel zu gerne, als dass ich da irgendwelche Kompromisse eingehen würde – weder geschmacklich, noch gesundheitlich."
Indem er diese Rezepte auf seiner Seite www.urgeschmack.de kostenlos zur

Verfügung stellt, versucht er, diese Ernährung möglichst vielen Menschen nahezubringen und Zone-Diät-Einsteigern die Umstellung zu erleichtern.

Felix gibt auch Kochkurse und hält Vorträge und Seminare zum Thema Zone-Diät und Paleo-Diät („Steinzeiternährung"), ausserdem möglich sind individuelle Beratungen per Telefon.
Zu erreichen ist er per eMail unter mail@felixolschewski.de

Mehr über Felix erfahren Sie im Internet unter www.felixolschewski.de